AF224781

NOTICE

sur le

CONSEIL SUPÉRIEUR DE GOUVERNEMENT

DE L'ALGÉRIE

NOTICE

SUR LE

CONSEIL SUPÉRIEUR DE GOUVERNEMENT

DE L'ALGÉRIE

ALGER

GRANDE IMPRIMERIE ADMINISTRATIVE GOJOSSO

5, Rue Bruce, 5

1899

SOMMAIRE

I. — HISTORIQUE

Le Conseil supérieur de Gouvernement de l'Algérie a été institué par un décret du 10 décembre 1860 (art. 12).

Cette institution se trouvait déjà en germe dans l'ordonnance du 15 avril 1845, qui avait réorganisé le Conseil de Gouvernement sous le nom de Conseil supérieur d'Administration de l'Algérie, et lui avait conféré (art. 63 § 8), les attributions actuellement dévolues au Conseil supérieur en matière de propositions budgétaires et de répartition des impôts.

La création du Conseil supérieur de Gouvernement en 1860, a été, d'ailleurs, la conséquence rationnelle de la disparition du Conseil supérieur de l'Algérie et des Colonies. Cette dernière assemblée avait, en effet, été instituée à Paris, par un décret du 21 novembre 1858, après la suppression du Gouvernement Général et du Conseil de Gouvernement, avec des attributions parmi lesquelles figurent celles qui ont été exercées, depuis 1860, par le Conseil supérieur de l'Algérie.

Maintenu sans changement par le décret du 7 juillet 1864 (art. 7), supprimé, mais réorganisé aussitôt par le décret du 24 octobre 1870 (articles 1 et 4), puis supprimé de nouveau par le décret du 1ᵉʳ janvier 1871 (art. 13). le Conseil supérieur de Gouvernement a été reconstitué par un décret du 7 octobre 1871 (art. 3).

Réorganisée une fois encore. sur les mêmes bases que précédemment, par le décret du 11 août 1875, cette assemblée a été reconstituée, en dernier lieu, par un décret du 23 août 1898, mais en subissant des modifications profondes. inspirées par une appréciation plus exacte des véritables intérêts de l'Algérie.

La nouvelle organisation se distingue, en effet, des précédentes par l'introduction, dans la haute assemblée algérienne, de l'élément indigène, composé, comme l'élément français, de membres élus et de membres nommés.

Une autre innovation, dont un avenir prochain fera

sans doute mieux apparaître toute l'importance, consiste dans la part plus large faite à l'élément électif, comme conséquence naturelle de la création des Délégations financières algériennes, dont l'institution a fait l'objet d'un autre décret de même date, 23 août 1898. Dotée par ces décrets de deux organismes qui se complètent pour concourir au même but, et qui sont d'ailleurs perfectibles, l'Algérie possède désormais des instruments de progrès dont le fonctionnement régulier ne peut que hâter le moment où, devenue riche et prospère, elle sera pour la Mère-Patrie un élément de plus de force et de grandeur.

II. — ORGANISATION ACTUELLE DU CONSEIL SUPÉRIEUR

1. — Composition du Conseil

En exécution de l'art. 1er du décret organique du 23 août 1898, le Gouverneur général de l'Algérie est assisté d'un Conseil supérieur de Gouvernement comprenant 60 membres, et ainsi composé :

(1)
1° Seize membres appartenant aux Délégations financières et élus par elles, à raison de six pour chacune des deux premières Délégations et de quatre pour la Délégation indigène, un de ces derniers étant élu par la section kabyle de cette Délégation ;

2° Quinze membres appartenant aux conseils généraux et élus par eux à raison de cinq par conseil général ;

3° Vingt-deux membres de droit, siégeant à raison de leurs fonctions, et ci-après énumérés :
Le gouverneur général, président ;
Le secrétaire général du gouvernement ;
Le premier président de la cour d'appel d'Alger ;
Le procureur général près la cour d'appel d'Alger ;
L'archevêque d'Alger ;

---

(1) Le texte des articles du décret du 23 août 1898 est inséré en petits caractères.

L'amiral commandant la marine en Algérie ;

Le commandant supérieur du génie ;

Le trois généraux commandant les divisions ;

Les trois préfets des départements algériens ;

Le recteur de l'académie d'Alger ;

L'inspecteur général des ponts et chaussées ;

L'inspecteur général des mines ;

L'inspecteur général des finances ;

Le conservateur des forêts d'Alger ;

Les quatre conseillers rapporteurs près le conseil de gouvernement ;

4° Trois notables indigènes désignés par le gouverneur général ;

5° Quatre membres désignés par le gouverneur général parmi les fonctionnaires algériens, à raison de leurs lumières et de leurs services ;

D'après le rapport qui précède le décret de réorganisation du 23 août 1898 « la principale innovation consiste dans l'augmentation du nombre des membres du Conseil supérieur par suite de l'introduction plus ...ge de l'élément électif, rendue nécessaire par la création des Délégations financières algériennes. Il importe, en effet que chacune de ces délégations ait des représentants au Conseil supérieur ».

Le nombre de ces représentants, qui est de seize, a presque doublé l'importance de l'élément électif, malgré la légère réduction (15 membres au lieu de 18) du nombre des délégués des Conseils généraux.

À l'origine, le nombre de ces délégués était de deux par département. Porté à trois (décret du 24 octobre 1870), puis à cinq (décret du 7 octobre 1871 (et enfin à six (décrets des 8 octobre 1873 et 11 août 1875), il est ramené à cinq, mais le total des membres élus est porté à trente-et-un et dépasse celui des membres non élus, qui est seulement de vingt neuf.

Il est à remarquer que le décret du 23 août 1898 a donné satisfaction, sur ce point, aux vœux formulés par la plupart des corps élus de la colonie, au sujet de la composition du précédent Conseil supérieur, où les fonctionnaires se trouvaient en majorité (23 fonctionnaires siégeant avec les 18 délégués des Conseils généraux).

Dans le nombre des membres non élus figurent 22 membres de droit, qui faisaient également partie de l'ancien Conseil supérieur. Toutefois, l'un de ces membres, le conservateur des forêts, qui siégeait précédemment comme délégué du Ministre de l'Agriculture et était désigné chaque année, est appelé à siéger désormais à raison de ses fonctions.

En ce qui touche les sept membres dont la nomination est attribuée au Gouverneur général, cette disposition a eu pour but, d'après le rapport qui précède le décret du 23 août, de faire entrer au Conseil supérieur, en même temps que trois notables indigènes, quatre fonctionnaires choisis à raison de leurs lumières et de leurs services, afin que « l'honneur qui résultera de ce choix soit pour eux un noble sujet d'émulation ».

Bien que la composition du Conseil supérieur soit modifiée, on y retrouve, comme dans les organisations précédentes, cette adjonction de l'élément électif à l'élément fonctionnaire, qui donne à l'institution son caractère distinctif.

La réunion, en nombre à peu près égal, des délégués financiers et des délégués des Conseils généraux aux chefs des services les plus importants de la colonie, ainsi qu'aux membres choisis à raison de leur notoriété, de leurs lumières et de leurs services, permet de constituer, pour l'examen des propositions budgétaires et de la plupart des projets de réformes intéressant l'Algérie, une assemblée dans laquelle les vues larges et les idées libérales se trouvent associées aux plus hautes compétences.

2. — Délégués financiers

Art. 2. — Les membres du conseil supérieur autres que les membres de droit sont élus ou nommés pour trois ans ; leur mandat peut être renouvelé.

En cas de décès ou de démission, il est pourvu à leur remplacement avant l'ouverture de chaque session ordinaire; toutefois, il peut être sursis au remplacement d'un conseiller élu, si la vacance s'est produite moins de deux mois avant l'ouverture de la session. Le mandat du nouveau membre prend fin lors du premier renouvellement triennal.

Après l'élection, les extraits des procès-verbaux qui la constatent sont adressés au Gouverneur général par les soins des Présidents des Délégations financières.

Lecture de ces extraits est donnée par le secrétaire du Conseil au début de la séance qui ouvre la session où les délégués élus viennent siéger pour la première fois.

Il est procédé de même pour l'installation des délégués financiers élus en remplacement d'autres délégués démissionnaires ou décédés dans l'intervalle de deux sessions.

3. — Délégués des Conseils généraux

L'élection des délégués des Conseils généraux est faite dans les conditions prévues à l'article 2 dont le texte est cité ci-dessus (n° 2, délégués financiers). Leur installation a lieu dans la même forme que celle des délégués financiers, après que les extraits des procès-verbaux constatant leur élection ont été transmis au Gouverneur général par les soins des Préfets.

4. — Membres du Conseil nommés par le Gouverneur général

La nomination de ces membres est faite dans les conditions prévues à l'article 2 précité, par arrêté dont lecture est donnée au début de la séance où les membres ainsi désignés viennent siéger pour la première fois.

5. — Indemnité de séjour et frais de déplacement

ART. 3. — Les membres du conseil supérieur qui ont droit à une indemnité en vertu du décret du 7 mars 1876, ainsi que les membres élus par les Délégations et les membres désignés aux paragraphes 4 et 5 de l'article 1er reçoivent les indemnités prévues par le décret précité.

Or en exécution du dit décret du 7 mars 1876 (articles 1 et 2), « *les membres des Conseils généraux délégués au Conseil supérieur de Gouvernement reçoivent une indemnité.*
Cette indemnité est fixée à 20 francs par jour de présence à Alger pendant la durée de la session.
Indépendamment de l'indemnité ci-dessus, les délégués qui ont leur résidence hors d'Alger reçoivent des frais de déplacement fixés à 3 francs par myriamètre tant pour se rendre aux convocations que pour rejoindre leur domicile. »

6. — Présidence

ART. 5. — Le Gouverneur général préside le Conseil supérieur.

Aussitôt après l'ouverture de chaque session, le Conseil élit un vice-président......

Depuis l'institution du Conseil supérieur de Gouvernement, le Gouverneur général a toujours présidé cette assemblée, soit en vertu d'une disposition formelle, comme celle qui précède, et qui figure également dans le décret du 10 décembre 1860, soit de droit, comme dans l'organisation établie par les décrets du 7 octobre 1871 et du 11 août 1875.

Vice-présidence.

Dans cette dernière organisation, le Directeur général des Affaires civiles et financières, alors vice-président du Conseil de Gouvernement, était devenu naturellement le premier vice-président du Conseil supérieur, et le décret de 1875 avait dès lors prévu seulement dans son art. 11, « l'élection, à l'ouverture de chaque session, d'un deuxième vice-président ».

Depuis, le poste de Directeur général des Affaires civiles et financières a été supprimé (Décret du 15 novembre 1879) et remplacé par celui de Secrétaire général dont le titulaire est appelé à remplir les mêmes fonctions, avec un titre différent.

Mais, le droit du Secrétaire général, à exercer la présidence du Conseil supérieur en cas d'absence du Gouverneur général, ayant fait l'objet, en 1880 et 1881, de contestations au sein de cette assemblée, un décret du 23 février 1882 a réglé la situation de la manière suivante :

Art. 2. — En cas d'absence du Gouverneur général, le Secrétaire général du Gouvernement ouvre la session du Conseil supérieur et lit l'exposé de la situation de l'Algérie ; le Conseil procède aussitôt après à l'élection d'un vice-président qui prend la direction des délibérations de cette assemblée.

Il n'y a plus eu, par conséquent, depuis cette époque, qu'un vice-président du Conseil supérieur, et ce vice-président était élu dans la première séance de la session. Cette situation est maintenue par l'art. 5 § 2 du décret du 23 août 1898.

La tradition, d'ailleurs conforme à l'esprit du décret du 11 août 1875 (et au décret du 7 octobre 1871, art. 5). s'était établie de choisir le vice-président parmi les membres élus. Cette tradition a continué d'être observée depuis qu'il n'y a plus eu qu'un seul vice-président, et elle semble avoir été reprise par le nouveau Conseil supérieur, dont le choix s'est porté, à la session de janvier 1899, sur un délégué élu par la Délégation financière des colons.

L'élection a lieu au scrutin secret. Tel est l'usage, établi d'après la pratique suivie dans la plupart des assemblées.

Le vice-président ainsi élu prend place à la droite du Gouverneur général.

7. — Ordre de préséance

Le décret du 23 août 1898, ne contenant aucune disposition à ce sujet, l'ordre dans lequel les membres du Conseil supérieur doivent siéger reste, en ce qui concerne les membres du Conseil de Gouvernement ainsi que les Généraux divisionnaires et les Préfets des départements, celui qui est fixé par le décret du 11 août 1875 dans ses art. 1, 2 et 3.

Vice-président.

Le vice-président prend place, comme cela vient d'être indiqué, à la droite du Gouverneur général qui préside l'assemblée.

Secrétaire général du Gouvernement.

Le Secrétaire général du Gouvernement, qui occupe cette même place au Conseil de Gouvernement, prend rang, au Conseil supérieur, après les Généraux divisionnaires. C'est le rang qui lui était assigné, dans une organisation antérieure, par le décret du 7 juillet 1864 (art. 7).

(1) Délégués financiers.

Délégués des Conseils généraux.

____

(1) Les Délégués financiers sont les élus des Délégations financières et ne devraient pas être classés par département. Mais, en fait, la règle ou plutôt la tradition qui consiste à assurer à chaque département un nombre égal de représentants au Conseil supérieur, a été suivie par les Délégations financières, de sorte que parmi les délégués élus, figurent pour chaque département deux délégués des colons, deux délégués des non colons et un délégué indigène.

Les membres élus par les Délégations financières et les délégués des Conseils généraux, sont groupés par département. Ils siègent, les délégués financiers à la droite, et les délégués des Conseils généraux à la gauche de leur préfet. L'ordre alphabétique est suivi pour déterminer la place des trois délégations : Alger, Constantine, Oran, de même que pour fixer ensuite celle de chaque délégué, soit à droite soit à gauche du préfet.

Suppléants.

Quant aux suppléants, leur place est déterminée d'après le rang qui leur appartient dans l'ordre hiérarchique, pour les membres appelés à siéger en remplacement des Généraux divisionnaires ou des Préfets des départements, et elle est fixée à la suite des titulaires, pour les suppléants des membres du Conseil de Gouvernement.

C'est ce qui résulte des dispositions édictées par le décret du 11 août 1875 (art. 2 et 3), pour le Conseil du Gouvernement, et dont l'application a été étendue de plein droit au Conseil supérieur de l'Algérie.

En fait, et de même qu'au Conseil de Gouvernement, le suppléant occupe le plus souvent la place du titulaire.

8. — Suppléances

Le système de suppléances, organisé pour le Conseil de Gouvernement, fonctionne également au Conseil supérieur.

Tout membre de la première assemblée, absent ou empêché, est, dès lors, valablement remplacé dans la

---

Il n'y a dès lors, aucun inconvénient à grouper ces délégués par département, et à les placer à la droite de leur préfet.

seconde par le fonctionnaire qui le supplée dans la direction du service, et qui, résidant à Alger, vient immédiatement après lui dans l'ordre hiérarchique (voir l'art. 3 du décret du 11 août 1875).

Par application du principe sur lequel repose ce système, le Général commandant la division territoriale et le Préfet du département peuvent être suppléés, le premier, par le Général commandant la subdivision, et le second, par le Secrétaire général de la Préfecture.

Il n'existe pas de suppléance pour les délégués financiers et pour les délégués des Conseils généraux.

Ces dernières assemblées ont été appelées à élire leurs suppléants (décret du 29 juin 1863, art. 4), à l'époque où le nombre des délégués était également de deux pour chaque Conseil général. Mais, depuis que ce nombre a été augmenté (décret du 24 octobre 1870 et décrets postérieurs déjà cités), l'usage s'était établi de combler, au moyen d'élections faites par chaque Conseil général dans la session d'octobre, les vacances survenues parmi les délégués, dans l'intervalle des sessions.

Sous le régime du nouveau décret du 23 août 1898, le remplacement des membres élus, en cas de démission ou de décès, est réglé par l'art. 2, § 2 inséré ci-dessus (2 délégués financiers).

9. — Secrétaire et Secrétaires-adjoints

Art. 5. —....

......; les fonctions de Secrétaire sont remplies par le Secrétaire du Conseil de Gouvernement.

Le Secrétaire du Conseil de Gouvernement a toujours été appelé à remplir les mêmes fonctions de Secrétaire au Conseil supérieur.

Dans l'organisation précédente, sa désignation résultait implicitement, tant de l'art. 1er du décret du 11 août 1875, d'après lequel tous les membres du Conseil de Gouvernement faisaient partie de droit du

Conseil supérieur, que de l'absence, dans ce même décret, de toute disposition relative à l'accomplissement des fonctions de Secrétaire dans la seconde assemblée.

Le précédent décret organique (7 octobre 1871) était plus explicite sur ce point, puisqu'il prévoyait (art. 5) l'élection d'un Vice-Secrétaire. Les fonctions de Secrétaire du Conseil de Gouvernement et, par suite, du Conseil supérieur, étaient, à l'époque, remplies par un Conseiller-Secrétaire (même décret du 7 octobre 1871, art. 1er).

Avant 1870, un décret spécial désignait le Secrétaire du Conseil de Gouvernement pour remplir les mêmes fonctions pendant la session du Conseil supérieur (voir, pour la session de 1862, le décret du 8 octobre même année).

Attributions du Secrétaire.

Les fonctions de Secrétaire sont naturellement les mêmes au Conseil supérieur qu'au Conseil de Gouvernement. Elles sont ainsi définies par l'art. 4 du décret du 11 septembre 1873, resté en vigueur :

« Il rédigera les procès-verbaux et tiendra les archives du Conseil de Gouvernement. »

En dehors de ces attributions, il est encore chargé, en raison même de ses fonctions ou en vertu de précédents établis :

De faire imprimer, avant l'ouverture de la session ordinaire, les notices et les rapports préparés ou réunis par les bureaux du Gouvernement général, et dont l'ensemble forme l'exposé de la situation de l'Algérie présenté chaque année par le Gouverneur général au Conseil supérieur ;

De faire distribuer cet exposé aux membres du Conseil, aux chefs des divers services et à la presse, d'après la liste arrêtée par le Gouverneur général ;

De faire imprimer et distribuer, avant la séance dans laquelle les affaires doivent être discutées, les rapports concernant ces affaires ;

D'établir et de remettre au Gouverneur général l'ordre du jour de chaque séance ;

De faire remettre à la presse, après chaque séance, le compte-rendu analytique;

De faire imprimer, après la session, les procès-verbaux des délibérations, lesquels, réunis aux rapports et à l'exposé, forment chaque année un volume dont la collection constitue toutes les archives du Conseil supérieur;

De faire remettre des exemplaires de ce volume aux bureaux du Gouvernement général (cette remise tient lieu de notification des avis ou des vœux du Conseil supérieur), et, d'en opérer la distribution d'après une liste arrêtée par le Gouverneur général.

Le Secrétaire est secondé dans ces diverses opérations d'ordre intérieur par le Commis ordinaire attaché au secrétariat du Conseil de Gouvernement. Il utilise de plus, pour la distribution des rapports, des comptes-rendus analytiques et de la correspondance, le concours de trois plantons que l'autorité militaire met à la disposition du président du Conseil supérieur, pendant la durée de la session.

Secrétaires-adjoints.

Trois Secrétaires-adjoints désignés par le Gouverneur général avant l'ouverture de la session, et choisis parmi les rédacteurs du Gouvernement général, sont chargés, sous le contrôle du secrétaire, de la rédaction des comptes-rendus analytiques et des procès-verbaux des délibérations du Conseil supérieur.

Le compte-rendu, établi aussitôt après chaque séance, est livré à la presse, pour être publié dans les journaux qui paraissent le lendemain.

III. — FONCTIONNEMENT DU CONSEIL SUPÉRIEUR

10. — Attributions et rôle du Conseil

Les attributions du Conseil supérieur sont définies,

dans le décret du 23 août 1898, par les articles **8** et **9**, dont le texte suit :

Art. 8. — Le Conseil supérieur délibère sur toutes les questions relatives à l'administration de l'Algérie qui lui sont soumises par le Gouverneur général. Il émet des vœux sur les divers objets qui intéressent cette administration.

Tous vœux politiques lui sont interdits.

Art. 9. — En attendant qu'il ait été statué par le pouvoir législatif sur la question d'institution d'un budget spécial en Algérie, le Conseil supérieur délibère sur les évaluations de recettes établies par le Gouverneur général, après avoir reçu communication des délibérations prises par les Délégations financières. Il examine également le budget des dépenses préparé conformément à l'article 9 du décret relatif aux attributions du Gouverneur général.

Les prévisions de dépenses concernant les services rattachés lui sont communiquées à titre de renseignements.

D'après le rapport qui précède ce décret « aucun changement important n'est introduit, quant à présent, dans les attributions du Conseil supérieur, qui restent purement consultatives. Si cette Assemblée était un jour appelée à prendre de véritables décisions, dans la mesure fixée par le législateur, il est permis de penser qu'elle inspirerait assez de confiance aux pouvoirs publics de la Métropole et aux populations de l'Algérie, pour qu'une pleine autorité fut acquise à ces décisions ».

Sous le régime des décrets antérieurs, les attributions du Conseil supérieur ont toujours été purement consultatives, et son rôle consistait surtout à donner des avis au sujet des propositions budgétaires préparées par le Gouverneur général (Voir les décrets : du 31 décembre 1896, art. 9 ; du 26 août 1881, art. 7 ; du 11 août 1875, art. 7 ; du 7 octobre 1871, art. 3 ; du 7 juillet 1864, art. 8, et du 10 décembre 1860, art. 12, 13 et 14).

Le nouveau décret n'a donc pas innové sur ce point ; mais il fait entrevoir, dans un avenir sans doute peu

éloigné. l'attribution au Conseil supérieur, en matière budgétaire, d'un pouvoir de décision qui ferait en quelque sorte de cette Assemblée un Sénat algérien.

En attendant, le Conseil supérieur continue à remplir, en raison même de sa composition, un rôle des plus importants. Il représente, en effet, l'Algérie dans son ensemble, et il constitue, comme les Délégations financières, l'un des organes les plus autorisés, après le Gouverneur général, des intérêts et des vœux de la Colonie.

C'est à ce titre, qu'il a été, et qu'il peut toujours être consulté sur la plupart des projets de réformes concernant l'Algérie.

11. — Session ordinaire

« Le Conseil supérieur de Gouvernement se réunit chaque année en session ordinaire, après la session des délégations financières et à la date fixée par le Gouverneur général, qui peut en outre le convoquer en session extraordinaire ». Art. 4 du décret du 23 août 1898.

Des dispositions analogues existaient dans le décret du 11 août 1875 (art. 8 § 1) et dans celui du 7 octobre 1871 (art. 4). Ces dispositions se justifient par elles-mêmes. Il est tout naturel, en effet, que le Conseil supérieur soit saisi de l'examen des propositions budgétaires après que les délégations financières ont délibéré, dans leur session annuelle, sur les questions d'impôts, et avant que le projet de budget soit déposé au Parlement.

Il en résulte que la session ordinaire du Conseil supérieur doit s'ouvrir généralement en novembre ou en décembre. Elle peut être, toutefois, en raison des circonstances, ouverte seulement dans les premiers mois de l'année suivante.

Un arrêté du Gouverneur général fixe la date de l'ouverture de chaque session. Cet arrêté est pris d'ordinaire 10 à 15 jours avant la session.

12. — Session extraordinaire

D'après l'article 4 cité ci-dessus le Gouverneur général « peut convoquer le Conseil supérieur en session extraordinaire. »

Les mêmes dispositions existaient dans le décret du 7 octobre 1871 (art. 4) et dans celui du 11 août 1875, art. 8 §2.

Elles prévoient et règlent un cas peu fréquent (La dernière session extraordinaire a eu lieu en mars 1890).

Il est bien rare, en effet, que les questions importantes se présentent avec un tel caractère d'urgence que la solution n'en puisse être ajournée à l'époque fixée pour la session ordinaire, et qu'elles nécessitent, par suite, la réunion immédiate du Conseil supérieur en session extraordinaire.

Il était bon, toutefois, que le principe fut établi. L'application en a déjà été faite et, le cas échéant, il ne resterait à régler que la question des dépenses occasionnées par une session extraordinaire.

13. — Réunions du Conseil

D'après l'art. 4 du décret du 23 août 1898 le Conseil supérieur se réunit « à la date fixée par le Gouverneur général ». Précédemment, les membres du Conseil supérieur étaient convoqués par lettres closes du Gouverneur général. Décret du 11 août 1875, art. 10. (Dispositions analogues, décret du 7 octobre 1871, art. 4).

Ces mêmes errements ont été suivis pour la première session du nouveau Conseil supérieur, et ils peuvent êtres considérés comme étant maintenus.

Les lettres de convocation sont expédiées par les soins du Secrétariat du Conseil du Gouvernement. En cas d'urgence, elles peuvent être précédées d'un télégramme prévenant de cet envoi, les membres de l'assemblée qui résident dans l'intérieur, afin qu'ils puissent prendre à temps leurs dispositions pour être rendus à Alger à la date fixée par l'arrêté du Gouverneur général pour l'ouverture de la session.

Le Conseil supérieur se réunit à cette date. Il tient ses séances dans le salon d'honneur du palais d'hiver, spécialement aménagé à cet effet.

1re séance. Organisation intérieure.

La première séance commence généralement à trois heures de l'après-midi. Elle est en grande partie consacrée à la constitution de l'assemblée et à son organisation intérieure (Toutefois la première séance du nouveau Conseil supérieur a été consacrée à l'ouverture solennelle de la session, et l'assemblée s'est séparée aussitôt après avoir entendu le discours prononcé par le Gouverneur général).

Il est d'abord procédé à l'appel des noms des membres du Conseil par le Secrétaire.

Puis, le nombre des membres présents étant reconnu suffisant pour constituer l'assemblée, le Gouverneur général déclare ouverte la session ordinaire.

Il est alors donné lecture de l'arrêté du Gouverneur général portant convocation du Conseil supérieur, ainsi que des arrêtés, des procès-verbaux ou des lettres qui constatent la nomination ou l'élection des membres du Conseil ou la désignation des membres suppléants.

Le Gouverneur général prononce ensuite un discours, qui est presque toujours l'évènement important de la session, et qui a souvent un grand retentissement dans la Colonie (On a vu que le discours peut être prononcé en séance solennelle).

Après ce discours le Conseil est appelé à élire un vice-président L'élection a lieu au scrutin secret.

Il est ensuite procédé à la nomination des Commissions au nombre de quatre, entre lesquelles doivent être répartis les dossiers des affaires soumises à l'examen du Conseil supérieur.

Le Secrétaire général du Gouvernement dépose ces dossiers sur le bureau de l'assemblée. Ils comprennent :

1° Le projet de budget ;

2° Le compte provisoire de l'exercice antérieur (Depuis 1897 la communication de ce compte est faite simplement à titre documentaire);

3° L'état des vœux émis par le Conseil supérieur dans sa précédente session, avec indication de la suite donnée à ces vœux.

L'objet de la première séance se trouvant entièrement rempli, le Conseil s'ajourne généralement au surlendemain, à trois heures, afin de donner le temps aux Commissions de préparer un certain nombre de rapports dont la discussion doit faire l'objet de la deuxième séance,

Séances suivantes.

Cette deuxième séance et les suivantes commencent également à 2 ou 3 heures de l'après-midi suivant la décision du Conseil. Il a été admis en principe, à la dernière session, qu'il y aurait séance tous les jours, à 2 heures, afin de permettre aux Commissions de se réunir arès la séance.

Dans chaque séance, l'Assemblée, après avoir entendu la lecture du procès-verbal de la séance précédente, entreprend la discussion des affaires portées à l'ordre du jour.

Lorsque cette discussion est terminée, le Conseil s'ajourne au jour et à l'heure qu'il fixe lui-même en tenant compte de cette double considération qu'il faut donner aux rapporteurs le temps de rédiger leurs rapports, et qu'il faut néanmoins aboutir rapidement, la session étant limitée et de courte durée.

Il arrive parfois, et ce sera dorénavant la règle, que, pour hâter l'achèvement de ses travaux, le Conseil tient séance chaque jour, ou bien deux séances dans la même journée, l'une le matin et l'autre dans l'après-midi.

Le nombre des séances était, en général, de six ou sept pour chaque session ordinaire. Il a été porté à 12, lors de la première session du nouveau Conseil, et se maintiendra à peu près ce dernier chiffre, si l'Assemblée continue à se réunir tous les jours.

14. — Commissions et sous-commissions

Ainsi que cela se pratique dans la plupart des assemblées, le Conseil se divise en Commissions chargées du soin de faire une étude préalable des affaires soumises à son examen.

Ces commissions, au nombre de quatre, sont nommées dans la première séance de chaque session et elles comprennent, la 1re et la 2me, 15 membres chacune, et les deux autres 14 membres chacune.

Elles sont constituées dans chaque session qui suit le renouvellement triennal des délégués financiers, des délégués des Conseils généraux et des membres nommés par le Gouverneur général. Pour les deux autres sessions elles restent composées de la même manière, sauf les mutations pour convenances personnelles entre les membres de deux Commissions. Ces mutations sont de droit, d'après un usage constant.

Les quatre Commissions sont les suivantes :

1re Commission. — Administration générale, départementale et communale ;

2e Commission. — Services financiers ;

3e Commission. — Colonisation, Agriculture, Commerce ;

4e Commission. — Travaux publics.

Chaque commission nomme son président. Il est de tradition constante que le Premier Président de la Cour d'appel préside la première Commission, l'Inspecteur général des Finances la deuxième et l'Inspecteur général des Ponts-et-Chaussées la quatrième.

Il en résulte qu'en fait la troisième Commission est seule appelée à désigner son président.

Dans chaque Commission le président fait la répartition des dossiers entre les membres qui se chargent de préparer les rapports ; il dirige les débats qui suivent la lecture des rapports qui doivent toujours être approuvés par la Commission avant d'être présentés, en son nom, au Conseil supérieur.

Le Gouverneur général et le Secrétaire général du Gouvernement ne font partie d'aucune Commission. Ils font donner par les bureaux, ou ils donnent au besoin eux-mêmes aux présidents et aux rapporteurs les renseignements demandés pour compléter, le cas échéant, l'instruction des affaires.

Lorsque le Gouverneur général assiste à la réunion d'une Commission, il en prend la présidence pour diriger les débats.

Sous-Commissions.

Pour les affaires dont l'examen nécessite le concours de plusieurs membres, la Commission désigne ces membres qui forment alors une Sous-Commission.

Le rapport préparé par les soins de cette Sous-Commission est adopté par la Commission et présenté en son nom au Conseil.

Dans le cas où l'affaire à étudier intéresse à la fois deux Commissions, les présidents se concertent pour la nomination d'une Sous-Commission composée de membres pris dans les deux Commissions. Le rapport est présenté au Conseil au nom des deux Commissions.

15. — Durée de la session

Le décret du 23 août 1898 ne contenant aucune disposition à ce sujet, la fixation de la durée de la session se trouve remise à la décision du Gouverneur général, qui fixe déjà la date de la réunion du Conseil supérieur (art. 4 du décret), et qui conserve le droit de prononcer la clôture de la session.

Précédemment, la durée de la session était fixée par le Gouverneur général. Elle ne pouvait dépasser 20 jours. Décret du 11 août 1875, art. 9.

Cette durée était fixée d'avance dans la période antérieure à 1870. Depuis plusieurs années, elle est ordinairement de 10 à 12 jours. Elle était autrefois de 8 à 10 jours (Décrets des 2 septembre 1862 et 29 janvier 1863).

Elle a été de 16 jours pour la première session du nouveau Conseil supérieur, et ce terme ne paraît guère devoir être dépassé, surtout si l'assemblée maintient sa décision de siéger tous les jours.

Il ne semble pas, d'ailleurs, que la durée des sessions puisse être prolongée sans inconvénients, ou égard à la composition du Conseil supérieur et aux conditions dans lesquelles il se réunit à Alger.

Il s'agit, en effet, de l'appeler à émettre son avis sur des projets ou sur des questions ayant donné lieu à des études préalables et approfondies, qui ont duré parfois des années. Les affaires soumises à son examen sont donc, le plus souvent, en état de recevoir une solution, et l'étude nouvelle, la discussion ainsi que l'avis dont elles font l'objet de la part du Conseil supérieur tirent surtout leur valeur et leur réelle autorité de la haute compétence, tant des membres chargés des rapports, que de la Commission qui a approuvé ces rapports et de l'assemblée qui en a adopté les conclusions.

16. — Usages et traditions

Le Conseil supérieur n'a pas de rang déterminé dans la hiérarchie. Cela s'explique tant à cause de la composition de l'assemblée, comme pour le Conseil de Gouvernement, qu'en raison de la durée très courte de ses sessions.

Les usages et traditions qui y sont observés sont, d'une manière générale, les mêmes qu'au Conseil de Gouvernement et dans la plupart des assemblées.

Il est d'usage, notamment, s'il se produit au cours de la session un événement important, que le président prononce, dans la séance qui suit la réception de la nouvelle de cet événement, une allocution dans laquelle il se fait l'interprète des sentiments éprouvés par les membres de l'assemblée.

Il est également d'usage qu'avant de prononcer la clôture de la session, le président remercie, dans une courte allocution, tous les membres du Conseil supérieur de leur collaboration, et les félicite des travaux accomplis durant la session, en vue de la prospérité de l'Algérie.

IV. — FORMES DE PROCÉDURE

17. — Introduction des affaires au Conseil

En exécution des articles 8 et 9 précités (voir attributions du Conseil), le Conseil supérieur est appelé à délibérer sur les propositions budgétaires pour l'examen desquelles il a été spécialement institué et dont les dossiers font l'objet du dépôt effectué par le Secrétaire général du Gouvernement, sur le bureau de l'assemblée, avant la fin de la première séance de la session ordinaire.

Il délibère également sur toutes les autres matières dont l'examen lui est déféré par le Gouverneur général, qui en fait, le cas échéant, déposer les dossiers dans la dite séance ou au cours de la session.

Il peut délibérer, en outre, sur toutes les questions dont il est saisi, pendant la session, au moyen de vœux présentés en séance par un ou plusieurs de ses membres, lorsque ces vœux ont été renvoyés par le Conseil à l'examen des Commissions compétentes.

Le dépôt, puis, s'il y a lieu, l'adoption des vœux, constituent l'exercice du droit d'initiative qui a toujours été reconnu au Conseil supérieur, bien que ne résultant pas d'une disposition légale.

Ce droit se trouve aujourd'hui consacré par l'art. 8 précité, qui contient la disposition suivante : « Il émet des vœux sur les divers objets qui intéressent cette administration. »

Toutefois, d'après une autre disposition de ce même article, disposition qui ne fait d'ailleurs que confirmer la tradition, à peu près constante, suivie par l'assemblée. « Tous vœux politiques lui sont interdits. »

18. — Instruction des affaires et rapports

Les dossiers déposés par le Secrétaire général du Gouvernement sont remis, aussitôt après la séance, aux présidents des Commissions. La répartition en est faite, au sein de chaque Commission, entre ceux de ses membres qui se chargent de rédiger les rapports.

Ces rapports sont lus à la Commission, dès qu'ils sont prêts, dans une réunion fixée à cet effet par le président ; ils sont approuvés par elle et présentés en son nom au Conseil supérieur.

Aussitôt après avoir été approuvés par la Commission, les rapports sont remis au Secrétaire du Conseil pour être imprimés et distribués avant la séance qui suit le dépôt au Secrétariat.

L'imprimeur est tenu, par son cahier des charges, d'assurer l'impression des rapports dans les 24 heures de la remise de la copie.

La discussion est soutenue devant le Conseil par le rapporteur, et au besoin par le président de la Commission.

Il est procédé de même pour les autres matières ou projets que le Gouverneur général soumet à l'examen du Conseil, ainsi que pour l'étude des vœux déposés par les membres de l'assemblée et renvoyés par elle à l'une des Commissions.

De même qu'au Conseil de Gouvernement, les affaires dont les dossiers sont remis à l'assemblée ont préalablement fait l'objet, par les soins des bureaux du Gouvernement général, d'une instruction aussi complète que possible.

D'autre part, les vœux déposés au Conseil supérieur ont presque toujours été sérieusement examinés et étudiés par leurs auteurs.

Il suit de là que les affaires sur lesquelles le Conseil est appelé à se prononcer sont très généralement en état de recevoir une solution. L'avis qu'il donne a précisément pour but d'indiquer la solution qu'il convient d'adopter.

Renvoi à une séance ultérieure.

Toutefois, si en séance, un membre du Conseil ne se trouve pas suffisamment éclairé sur la question, même après avoir entendu la lecture du rapport et la discussion, il peut demander le renvoi de l'affaire à une autre séance. Ce renvoi est toujours prononcé. Il est considéré comme étant de droit, en vertu d'une tradition de courtoisie qui est également observée au Conseil de Gouvernement.

Le renvoi est également de droit lorsqu'il s'agit d'une augmentation de crédit, proposée en séance. Le Conseil a reconnu qu'il était de bonne jurisprudence de ne pas adopter d'augmentation sans étude préalable, et il a admis, comme règle générale, que toute proposition de ce genre devait être renvoyée à l'examen de la Commission.

Lorsque des renseignements supplémentaires sont nécessaires à la Commission, ils sont demandés par le président ou par le rapporteur au Gouverneur général ou au Secrétaire général qui les donnent eux-mêmes ou les font donner immédiatement par les bureaux du Gouvernement général.

Il résulte, en somme, des dispositions et des errements qui viennent d'être résumés, que le Conseil supérieur n'est appelé à se prononcer sur une question que lorsqu'il se trouve suffisamment éclairé pour donner son avis.

Il arrive parfois que le temps fait défaut, avant les deux dernières séances, pour imprimer les rapports. Il en est, dans ce cas, simplement donné lecture en séance.

D'autres fois, mais plus rarement, le rapporteur se borne à faire verbalement son rapport.

Tous ces rapports sont, comme ceux qui ont été imprimés, insérés au procès-verbal de la séance dans laquelle les affaires qu'ils concernent ont été examinées.

19. — Délibérations et avis

ART. 6. — Le Conseil supérieur ne peut délibérer que si la moitié plus un des membres dont il se compose assistent à la séance. Ses décisions sont prises à la majorité des membres présents. Le vote a lieu par assis et levé. Toutefois, le scrutin secret est de droit s'il est réclamé par dix membres au moins. — Décret du 23 août 1898.

Des dispositions à peu près identiques avaient été édictées par le décret du 11 août 1875, art. 12.

Le Conseil supérieur étant actuellement composé de 60 membres, la présence de 31 de ces membres, au moins, est nécessaire pour la validité des délibérations.

Le vote a lieu le plus souvent à mains levées, comme au Conseil de Gouvernement ; c'est le mode le plus expéditif. Le vote par assis et levé n'est guère employé que dans le cas où la majorité paraît douteuse. Le vote au scrutin secret est très rarement usité.

De même qu'au Conseil de Gouvernement la plus grande courtoisie préside aux discussions. Les membres qui désirent y prendre part demandent la parole au président. Lorsqu'ils l'ont obtenue ils présentent leurs observations en s'adressant à l'assemblée, même pour provoquer des éclaircissements de la part du président ou du rapporteur d'une Commission.

Lorsque la discussion d'une affaire est terminée, le président met aux voix soit les conclusions du rapport, si elles n'ont donné lieu à aucune objection, soit ces mêmes conclusions sous le bénéfice des observations échangées, soit enfin le ou les amendements présentés au cours de la discussion, en commençant, le cas échéant, par celui qui s'éloigne le plus des conclusions du rapport.

Le procès-verbal fait mention des votes qui ont eu lieu. Il reproduit l'avis ou la proposition qui a réuni la majorité et qui constitue l'avis du Conseil supérieur.

20. — Nullité des délibérations

Art. 10. — Est nulle de plein droit toute délibération du Conseil supérieur prise en dehors de ses attributions légales. La nullité est prononcée par décret du Président de la République, le Conseil d'Etat entendu. — Décret du 23 août 1898.

Cet article prévoit et règle le cas où il y aurait lieu de faire prononcer la nullité des délibérations qui seraient prises par l'assemblée en dehors de ses attributions. Aucune disposition analogue n'existait dans l'organisation antérieure ; mais le droit d'émettre des vœux ayant été reconnu au Conseil supérieur par l'art. 8 précité, lequel interdit toutefois les vœux politiques, il étaitutile d'établir une sanction pour le cas où cette interdiction ne serait pas observée.

21. — Procès-verbaux des délibérations

ART. 7. — Les procès-verbaux des séances contiennent un compte-rendu sommaire des discussions. Ils peuvent être publiés après la session en vertu d'un vote du Conseil supérieur. Un résumé sommaire peut, après chaque séance, être communiqué à la presse. Toutefois, le Gouverneur général peut s'opposer à toute publication qu'il jugerait nuisible à la sécurité extérieure ou intérieure de l'Algérie. — Décret du 23 août 1898.

Des dispositions analogues se retrouvent dans le décret du 11 août 1875, art. 13 et 14.

Au début de chaque séance, à partir de la seconde réunion, le Secrétaire donne lecture du procès-verbal de la séance précédente, afin de mettre le Conseil à même de s'assurer de l'exactitude de l'analyse des discussions.

Si des observations sont formulées, après cette lecture, pour rectifier des erreurs reconnues, ces observations sont consignées au procès-verbal de la séance même, et mentionnées en marge du précédent.

Pour la dernière séance, le Conseil supérieur ne devant plus se réunir qu'à une nouvelle session, il est de tradition que le soin de statuer sur l'approbation du procès-verbal de cette séance soit délégué au Conseil de Gouvernement qui statue dans sa première réunion après la clôture de la session,

Quant à la publication des procès-verbaux, elle est devenue la règle.

Ces procès-verbaux sont signés par le secrétaire et approuvés par le président.

Imprimés aussitôt après la session, et joints à l'exposé, ainsi qu'aux rapports déjà imprimés, ils forment chaque année un volume d'environ 700 pages.

Ce volume est tiré à 600 exemplaires dont la distribution est faite par les soins du Secrétaire du Conseil, d'après une liste arrêtée par le Gouverneur général.

22. — Comptes-rendus analytiques

D'après l'article 7, cité au nº précédent, « un résumé sommaire peut, après chaque séance, être communiqué à la presse. Toutefois, le Gouverneur général peut s'opposer à toute publication qu'il jugerait nuisible à la sécurité extérieure ou intérieure de l'Algérie. » Le décret du 11 avril 1875, art. 14 § 2, édictait des dispositions analogues.

De même que pour la publication des procès-verbaux, la faculté d'établir des résumés sommaires ou des comptes-rendus analytiques est devenue la règle.

Ces comptes-rendus sont remis à la presse locale dont les principaux organes en font la publication.

En raison de cette publication, les comptes-rendus analytiques présentent une réelle importance. Aussi est-il de tradition, depuis l'origine, de les rédiger avec le plus grand soin.

23. — Notification des avis

La notification des avis du Conseil supérieur se fait par l'envoi du volume qui contient les procès-verbaux des délibérations de cette assemblée. Des exemplaires de ce volume sont remis à tous les membres du Conseil, à tous les chefs de service, aux membres des Délégations financières algériennes, aux conseillers généraux, à la presse, etc., c'est-à-dire à tous ceux qui ont ou peuvent avoir intérêt à connaître les délibérations et les avis du Conseil supérieur.

Les exemplaires, remis aux divers bureaux du Gouvernement général, sont accompagnés des dossiers qui avaient été déposés au Conseil dès le début ou au cours de la session. Ces bureaux se trouvent, dès lors, mis à même de poursuivre la solution des affaires sur lesquelles le Conseil s'est prononcé, et de s'occuper spécialement de l'instruction des vœux émis pendant la session.

24. — Vœux du Conseil supérieur. — Suite donnée à ces vœux

« Les vœux politiques sont interdits, » art. 8 § 2 du décret du 23 août 1898.

En dehors de ces vœux et ainsi que cela a été indiqué ci-dessus, le Conseil supérieur peut délibérer sur les questions faisant l'objet de vœux présentés par les membres de l'assemblée. Il faut, toutefois, que ces vœux soient d'abord renvoyés par le Conseil, aussitôt après que le texte en a été lu en séance, à l'examen de la Commission compétente. C'est seulement, en effet, sur le rapport de la Commission que la discussion d'un vœu peut avoir lieu.

Il est de règle que les vœux doivent être déposés dans les trois ou quatre premières séances de la session, afin que la Commission qui doit les examiner ait le temps d'en faire une étude sérieuse.

Le Conseil statue sur les conclusions du rapport et il adopte ou repousse le vœu présenté. Parfois, cependant, l'adoption d'un vœu résulte de l'adhésion donnée par le Conseil supérieur à ce vœu alors qu'il vient d'être formulé au cours d'une discussion dont il résume l'objet ou dont il est une conséquence naturelle.

Aussitôt après la session, les vœux adoptés par le Conseil supérieur sont mis à l'étude par les soins de l'Administration, et les questions qu'ils soulèvent reçoivent, quand cela est possible, une prompte solution.

Un état est préparé, avant l'ouverture de la session suivante, pour faire connaître la suite donnée aux vœux, et rendre compte de la difficulté ou de l'impossibilité d'aboutir.

C'est ce même état qui est déposé sur le bureau de l'assemblée au début de la session ordinaire.

Chaque Commission examine la suite donnée aux vœux qui la concernent, et elle désigne un rapporteur, comme pour les autres affaires. Le rapport conclut à ce qu'il soit donné acte, à l'Administration, des solutions obtenues par ses soins, et il propose généralement de renouveler les vœux dont la solution ne paraît pas impossible. Le Conseil statue en séance sur ce rapport. Les vœux dont il vote le renouvellement font l'objet d'une nouvelle instruction.

V. — ARCHIVES ET SECRÉTARIAT DU CONSEIL SUPÉRIEUR

Les archives du Conseil supérieur se composent exclusivement de la collection des volumes contenant, pour chaque session ordinaire, l'exposé de la situation de l'Algérie, les rapports présentés au Conseil et les procès-verbaux des délibérations;

Et pour la session extraordinaire, les rapports et les procès-verbaux des délibérations de l'assemblée.

Une collection, reliée, de tous ces volumes, existe au Secrétariat du Conseil de Gouvernement, qui est également le Secrétariat du Conseil supérieur.

En dehors de cette collection et du *Bulletin officiel de l'Algérie*, il y a au Secrétariat quelques ouvrages de droit, le *Répertoire* de Dalloz (incomplet), le *Dictionnaire* de Béquet (en cours de publication) et ceux de Ménerville et de Sautayra.

Tous ces ouvrages et collections sont tenus à la disposition des membres du Conseil supérieur pendant la durée de la session.

Février 1899.

La notice qui précède serait incomplète si elle n'était pas accompagnée du texte de deux documents officiels qui précisent, l'un, la nature et l'importance des innovations introduites par le décret de réorganisation du 23 août 1898, et l'autre le rôle attribué au Conseil supérieur dans l'œuvre de décentralisation et de rénovation progressive inaugurée par ce décret.

Le premier de ces documents est le rapport qui précéde le dit décret du 23 août 1898.

Le second est le discours prononcé par M. le Gouverneur général à l'ouverture de la première session du nouveau Conseil supérieur de l'Algérie.

Le texte de ces documents est reproduit ci-après :

RAPPORT ET DÉCRET DU 23 AOUT 1898

RAPPORT

AU PRÉSIDENT DE LA RÉPUBLIQUE FRANÇAISE

Paris, le 21 août 1898.

Monsieur le Président,

L'organisation et le fonctionnement du Conseil supérieur de gouvernement ont été réglés de tout temps par des ordonnances ou décrets du Pouvoir exécutif, et en dernier lieu par le décret du 11 août 1875, complété par ceux du 23 février 1882, du 25 octobre 1887 et du 18 novembre 1895.

Il est en effet de principe que le droit d'édicter des lois en Algérie, ou d'y promulguer celles de la Métropole, appartient au Pouvoir exécutif, alors surtout qu'il s'agit de régler des institutions spéciales à l'Algérie, sans mettre en question aucune des prérogatives de la souveraineté nationale.

A la vérité, le 11 mars 1897, le Gouvernement a présenté à la Chambre des Députés un projet de loi relatif au Conseil supérieur de gouvernement, projet qui n'a d'ailleurs été l'objet d'aucun rapport avant le renouvellement de la législature. Cette dérogation à la pratique constamment suivie depuis l'origine de la colonie s'explique sans doute par ce fait, que le projet de loi dont il s'agit n'avait pas uniquement pour objet l'organisation et le fonctionnement du Conseil supérieur, mais encore l'organisation d'un système de contrôle du Gouvernement général, et des dispositions nouvelles relatives au budget.

Le projet de décret que j'ai l'honneur de vous soumettre a une portée plus restreinte; il ne résout ni ne préjuge aucune des questions réservées au Pouvoir législatif; il se borne à modifier l'organisation du Conseil supérieur, à mieux définir quelques unes de ses attributions consultatives, en un mot, à faire ce qui a été fait par tous les gouvernements antérieurs dans la sphère de leurs attributions.

La principale innovation consiste dans l'augmentation du nombre des Membres du Conseil supérieur, par suite de l'introduction plus large de l'élément électif, rendue nécessaire par la création des Délégations financières. Il importe en effet que chacune de ces Délégations ait des représentants au Conseil supérieur. Le projet de décret en attribue six à chacune des deux premières Délégations, et quatre à la Délégation indigène, dont un est réservé à la section kabyle. Il y aura donc au Conseil supérieur seize représentants des Délégations élus par elles.

Cet élément électif vient s'ajouter à celui qui existe actuellement et qui consiste en membres élus par les Conseils généraux. Le nombre de ces membres subit seulement une légère réduction par suite de la place donnée aux Délégations. Il est de quinze au lieu de dix-huit, à raison de cinq par département.

Le total des membres élus est ainsi de trente et un, supérieur de deux au nombre des membres non élus, qui est de vingt-neuf.

Ceux-ci comprennent : vingt-deux membres de droit, appelés à siéger en vertu de leurs fonctions conformément aux règles en vigueur, et sept membres nommés par le Gouverneur général, savoir : trois notables indigènes algériens, et quatre membres choisis parmi les fonctionnaires algériens, à raison de leurs lumières et des services rendus ; l'honneur qui résultera de ce choix peut être pour ces fonctionnaires un noble sujet d'émulation.

Le Conseil supérieur ainsi réorganisé sera donc composé de soixante membres.

Aucun changement important n'est introduit, quant à présent, dans les attributions du Conseil supérieur, qui restent purement consultatives. Si cette assemblée était un jour appelée à prendre de véritables décisions dans la mesure fixée par le législateur, il est permis de penser qu'elle inspirerait assez de confiance aux Pouvoirs publics de la Métropole et aux populations de l'Algérie, pour qu'une pleine autorité fût acquise à ces décisions.

Si vous adoptez ces vues, je vous serai reconnaissant de vouloir bien revêtir de votre signature le projet de décret ci-joint.

Agréez, Monsieur le Président, l'hommage de mon respectueux dévouement.

Le Président du Conseil,
Ministre de l'Intérieur,
Henri BRISSON.

LE PRÉSIDENT DE LA RÉPUBLIQUE FRANÇAISE,

Vu le décret du 11 août 1875 ;

Vu les propositions présentées par le Gouverneur général de l'Algérie ;

Sur le rapport du Président du Conseil, Ministre de l'Intérieur,

DÉCRÈTE :

ARTICLE PREMIER. — Le Gouverneur général de

l'Algérie est assisté d'un Conseil supérieur de Gouvernement ainsi composé :

1° Seize membres appartenant aux Délégations financières et élus par elles, à raison de six pour chacune des deux premières Délégations et de quatre pour la Délégation indigène, un de ces derniers étant élu par la section kabyle de cette Délégation ;

2° Quinze membres appartenant aux Conseils généraux et élus par eux à raison de cinq par Conseil général ;

3' Vingt-deux membres de droit, siégeant à raison de leurs fonctions, et ci-après énumérés :
Le Gouverneur général, Président ;
Le Secrétaire général du Gouvernement ;
Le Premier Président de la Cour d'appel d'Alger ;
Le Procureur général près la Cour d'appel d'Alger ;
L'Archevêque d'Alger ;
L'Amiral Commandant la Marine en Algérie ;
Le Commandant supérieur du Génie ;
Les trois Généraux Commandant les Divisions ;
Les trois Préfets des départements algériens ;
Le Recteur de l'Académie d'Alger ;
L'Inspecteur général des Ponts et Chaussées ;
L'Inspecteur général des Mines ;
L'Inspecteur général des Finances ;
Le Conservateur des Forêts d'Alger ;
Les quatre Conseillers rapporteurs près le Conseil de Gouvernement ;

4° Trois Notables indigènes désignés par le Gouverneur général ;

5° Quatre Membres désignés par le Gouverneur général parmi les fonctionnaires algériens, à raison de leurs lumières et de leurs services.

Article 2. — Les Membres du Conseil supérieur autres que les Membres de droit sont élus ou nommés pour trois ans ; leur mandat peut être renouvelé.

En cas de décès ou de démission, il est pourvu à leur remplacement avant l'ouverture de chaque session ordinaire ; toutefois, il peut être sursis au remplacement d'un conseiller élu, si la vacance s'est produite moins de deux mois avant l'ouverture de la session. Le mandat du nouveau membre prend fin lors du premier renouvellement triennal.

ARTICLE 3. — Les Membres du Conseil supérieur qui ont droit à une indemnité en vertu du décret du 7 mars 1876, ainsi que les Membres élus par les Délégations et les Membres désignés aux paragraphes 4 et 5 de l'article 1er reçoivent les indemnités prévues par le décret précité.

ARTICLE 4. — Le Conseil supérieur se réunit chaque année en session ordinaire, après la session des Délégations financières et à la date fixée par le Gouverneur général, qui peut en outre le convoquer en session extraordinaire

ARTICLE 5. — Le Gouverneur général préside le Conseil supérieur.

Aussitôt après l'ouverture de chaque session, le Conseil élit un vice-président ; les fonctions de secrétaire sont remplies par le Secrétaire du Conseil de Gouvernement.

ARTICLE 6. — Le Conseil supérieur ne peut délibérer que si la moitié plus un des membres dont il se compose assistent à la séance. Ses décisions sont prises à la majorité des membres présents. Le vote a lieu par assis et levé. Toutefois, le scrutin secret est de droit s'il est réclamé par dix membres au moins.

ARTICLE 7. — Les procès-verbaux des séances contiennent un compte-rendu sommaire des discussions. Ils peuvent être publiés après la session en vertu d'un vote du Conseil supérieur. Un résumé sommaire peut, après chaque séance, être communiqué à la presse. Toutefois, le Gouverneur général peut s'opposer à toute publication qu'il jugerait nuisible à la sécurité extérieure ou intérieure de l'Algérie.

ARTICLE 8. — Le Conseil supérieur délibère sur toutes les questions relatives à l'administration de l'Algérie qui lui sont soumises par le Gouverneur général. Il émet des vœux sur les divers objets qui intéressent cette administration.

Tous vœux politiques lui sont interdits.

ARTICLE 9. — En attendant qu'il ait été statué par le Pouvoir législatif sur la question d'institution d'un budget spécial en Algérie, le Conseil supérieur délibère sur les évaluations de recettes établies par le Gouverneur général, après avoir reçu communication des délibérations prises par les Délégations financières. Il examine également le budget des dépenses préparé conformément à l'article 9 du décret relatif aux attributions du Gouverneur général.

Les prévisions de dépenses concernant les services rattachés lui sont communiquées à titre de renseignements.

ARTICLE 10. — Est nulle de plein droit toute délibération du Conseil supérieur prise en dehors de ses attributions légales. La nullité est prononcée par décret du Président de la République, le Conseil d'État entendu.

ARTICLE 11. — Le décret du 11 août 1875 est abrogé. Sont également abrogées toutes dispositions contraires au présent décret.

ARTICLE 12. — Le Président du Conseil, Ministre de l'Intérieur, est chargé de l'exécution du présent décret, qui sera publié au *Journal officiel* de la République française et inséré au *Bulletin des Lois* et au *Bulletin Officiel* du Gouvernement général de l'Algérie,

Fait au Havre, le 23 août 1898.

FÉLIX FAURE.

Par le Président de la République,
Le Président du Conseil,
Ministre de l'Intérieur,

Henri BRISSON,

DISCOURS

PRONONCÉ PAR M. LAFERRIÈRE, GOUVERNEUR GÉNÉRAL DE L'ALGÉRIE A LA SÉANCE SOLENNELLE D'OUVERTURE DE LA SESSION DU CONSEIL SUPÉRIEUR.

———

Messieurs,

Il y a un mois, j'avais l'honneur d'ouvrir la première session des Délégations financières algériennes, dans cette même salle et avec des formes nouvelles qui marquaient à dessein l'importance de cette inauguration.

Les mêmes formes devaient présider aujourd'hui à l'inauguration de la séance du Conseil supérieur de gouvernement. Il a sa place, lui aussi, dans la représentation de l'Algérie. Il est appelé à concourir, dans la mesure de ses attributions légales, à l'œuvre de décentralisation et de rénovation progressive qui est le but de nos communs efforts.

Si d'ailleurs le Conseil supérieur n'est pas une assemblée nouvelle, il est, dans une certaine mesure, une assemblée renouvelée. En effet, en dehors de l'élément électif issu des Conseils généraux et dont la valeur et les services sont consacrés par une expérience déjà longue, en dehors de cette élite de hauts fonctionnaires civils et de chefs militaires qui représentent ici les droits, les traditions et la force de notre Métropole, nous voyons pour la première fois les membres élus par les Délégations financières.

Vous leur ferez, Messieurs, un bon et confiant accueil, car ils viennent représenter avec vous, et nos Français d'Europe, et nos Français d'Afrique, nos fidèles indigènes dotés pour la première fois d'une représentation qui est bien à eux.

J'ai été heureux qu'une disposition nouvelle des décrets du 23 août me permit d'appeler aussi au Conseil supérieur des représentants de nos lointaines régions du Sud, en la personne de grands chefs que leur renom personnel et leur dévouement à la France désignaient à tous les suffrages.

L'institution du Conseil supérieur a eu cette bonne fortune de n'être pas enfermée dès son début dans un cadre immuable et de pouvoir se prêter au progrès. Lors de sa création, en 1860, le conseil était composé de 23 membres, dont 6 élus par les Conseils généraux. En 1871, le nombre des membres élus s'est élevé à 15 ; en 1875, à 18. Aujourd'hui, le Conseil supérieur est composé de 60 membres, dont 31 sont élus ; et déjà quelques esprits hardis, mais peut-être clair-voyants, ont donné à cette assemblée le nom de sénat algérien.

Les attributions du Conseil supérieur, comme celles des Délégations financières, ne sont encore que con-sultatives ; mais le rapport présenté par M. le Prési-dent du Conseil à M. le Président de la République à l'appui des décrets du 23 août, prévoit que le Con-seil supérieur pourra être appelé à prendre de vérita-bles décisions.

« Il est permis de penser, dit l'auteur de ce rap-
« port, que cette assemblée inspirerait assez de con-
« fiance aux Pouvoirs publics de la Métropole et aux
« populations de l'Algérie pour qu'une pleine auto-
« rité fut acquise à ses décisions. »

Si nous rapprochons, Messieurs, ces déclarations de celles qui ont été faites, au sujet des Délégations financières, et de celles qui nous ont fait espérer l'institution d'un budget spécial, il n'est pas téméraire de penser que, dans un avenir assez prochain, le bud-get spécial algérien pourra être délibéré et voté par les assemblées algériennes.

En attendant avec une respectueuse confiance les décisions souveraines qui peuvent seules réaliser ce vœu, vous serez appelés, pendant cette session, à déli-bérer le budget de 1900, dans les formes ordinaires. Mais je vous demanderai quelque chose de plus ; ce sera de vouloir bien d'abord vous prononcer sur le principe d'un budget spécial, puis en préparer la réa-lisation en dressant vous-mêmes le plan de ce budget et en y inscrivant tous les services qui vous semble-ront devoir y figurer.

Afin de vous faciliter ce travail, j'ai fait préparer un projet où figurent ces services et les crédits qui y correspondent d'après les prévisions admises par M. le Rapporteur du budget de l'Algérie, pour l'exercice 1899. Vous voudrez bien examiner ces propositions et leur donner leur forme définitive.

En mettant ainsi votre pensée en lumière avec toute la précision voulue, vous donnerez aux Pouvoirs publics une assurance qu'ils sont en droit d'attendre de nous, c'est que nous ne leur soumettons pas des aspirations vagues, mais des conceptions rationnelles, préparées antérieurement par vous, et par mes honorables prédécesseurs, acceptées en principe par les Délégations financières et parvenues aujourd'hui à leur pleine maturité.

Vous aurez aussi à étudier dans quelles conditions la personnalité civile de l'Algérie pourra être reconnue et de quels attributs il conviendrait de la doter. Personne civile, l'Algérie pourra être propriétaire : Quel sera son domaine? Dans quelle mesure les terres et les forêts possédées par l'État pourront-elles contribuer à le former ? Elle pourra faire des contrats, notamment des emprunts devenus si nécessaires au développement de son outillage économique. Quels excédents de recettes et quelles autres ressources seront le gage de ces emprunts? Elle pourra créer ou encourager des institutions de crédit, de prévoyance, d'assistance destinées à aider les colons et tous les travailleurs, à déjouer les pièges de l'usure, ou les menaces de la misère. Comment de tels établissements devront-ils être conçus, gérés ou subventionnés ?

Ce sont là, Messieurs, de difficiles problèmes dont nous aurons à indiquer la solution et dont nous ne saurions trop tôt commencer l'étude, afin que cette solution n'ait rien de hâtif et de risqué lorsque viendra l'heure de décider et d'agir.

Enfin, à cette double innovation, budget spécial et personnalité civile, se rattache par un lien logique l'institution d'un contrôle destiné à garantir la bonne gestion de nos services et le bon emploi de nos finances. Il y aura lieu de prévoir les conditions et les formes de ce contrôle.

Ces grandes questions d'ordre administratif et financier ne sont pas les seules qui sollicitent notre attention. Parmi celles qui touchent de plus près aux destinées de l'Algérie, apparaît la question de colonisation, question doublement vitale au point de vue algérien et au point de vue français.

Notre richesse, en effet, richesse acquise ou à venir, est essentiellement agricole et tout développement de la colonisation est un nouveau pas vers le progrès général, parce qu'il nous enrichit à la fois en produits et en hommes.

Vous savez, Messieurs, quels résultats sont actuellement obtenus. La superficie concédée ou vendue aux colons du Tell, qui était de huit cent quinze mille hectares en 1872, est aujourd'hui d'un million trois cent quatre-vingt mille hectares. Le nombre des centres s'est élevé, dans la même période, de 240 à 605, sans compter l'agrandissement de 66 centres anciens ; en dehors de ces centres, on compte huit mille deux cent vingt-neuf domaines ruraux séparés.

La population européenne agricole, où la race française domine dans la proportion des trois quarts, s'est élevée de cent mille cinq cents âmes en 1872 à deux cent sept mille trois cents en 1897. Elle a donc plus que doublé en 25 ans. Cette progression doit être attribuée surtout, dans ces dernières années, aux générations nouvelles nées sur le sol algérien.

Si, en effet, la natalité a paru se ralentir en France, cela ne résulte pas de ce que la nature est devenue moins généreuse pour notre race, mais de ce que notre race, passagèrement troublée par certaines difficultés de la lutte pour la vie, ne donne pas en France à la nature tout ce qu'elle lui donne en Algérie. On ne craint pas ici que l'enfant soit une charge, on sait qu'il est une richesse et que les bras même de l'adolescent sont une force dans le domaine familial.

Mais arrive le jour où l'adolescent devient homme et où le père de famille ne pouvant lui donner une part de son domaine, devenu trop étroit, pour lui et pour sa famille agrandie, est obligé de le laisser chercher fortune ailleurs. C'est alors, Messieurs, que nous apparaît un grand devoir. Non plus sans doute un devoir strict et légal qu'on puisse exiger loi en main — mais un devoir moral, un devoir de puissance colonisatrice éclairée et prévoyante, celui de préparer à ces jeunes hommes déjà habitués au climat et aux cultures de l'Algérie la possession d'une terre où ils puissent vivre et faire souche à leur tour. Ce n'est là, Messieurs, j'en ai la conviction, qu'une question de bon aménagement de nos richesses. Les réserves domaniales sont loin d'être épuisées ; elles représentent, en dehors des quinze cent mille hectares occupés par les forêts, huit cent quatre-vingt-six mille hectares de terres dont la valeur est inégale, mais dont le quart environ est propre à la culture et le surplus au parcours du bétail.

Nous devons penser à consacrer progressivement ces terres à notre œuvre de colonisation. Dans ce but, j'ai invité les services du domaine et de la topographie à relever sur les sommiers administratifs et à reporter sur des cartes à grande échelle toutes ces terres domaniales.

Leur nature et leur emplacement étant ainsi déterminés, il deviendra facile d'apprécier quelles terres peuvent être rattachées aux centres existants et quelles autres pourront être groupées pour former des centres nouveaux. Celles qui seraient trop morcelées ou trop éloignées des voies de communication pourraient faire l'objet d'un travail ultérieur en vue d'échanges avec des propriétaires indigènes.

Ces échanges, je n'ai pas besoin de le dire, s'inspireraient toujours des idées de justice et de bienveillance dont nos populations indigènes nous savent animés pour elles.

Nous pourrons ainsi préparer méthodiquement la répartition des terres disponibles entre les jeunes colons nés sur le sol algérien et les colons venant de France, auxquels nous ne cessons d'adresser un fraternel appel et de tendre une main amie.

Les uns et les autres nous sont également chers, mais pourquoi ne pas le dire, c'est aux jeunes Français d'Algérie que l'avenir paraît réserver la plus large part, parce que la loi même de la nature assure dès à présent leur prépondérance numérique.

Nous en trouvons la preuve dans ce mouvement de la natalité dont je vous parlais tout à l'heure et que je voudrais mettre encore mieux en lumière, en vous montrant derrière les jeunes colons déjà arrivés à l'âge d'homme, la génération qui les suit, celle des enfants qui n'ont pas encore quinze ans.

Savez-vous, Messieurs, quel est le nombre de ces enfants dans cette population toute rurale de deux cent sept mille habitants? Il est de soixante-douze mille cinq cents, c'est-à-dire que ces enfants de moins de 15 ans représentent à eux seuls plus du tiers d'une population où la prépondérance de la race française s'affirme de plus en plus.

Je ne crois pas, Messieurs, que cette proportion soit dépassée dans les États continentaux ou coloniaux dont on vante le plus la natalité, et nous avons le droit de dire qu'elle doit, dès à présent, rassurer ceux qui auraient encore des doutes sur l'avenir de la race française en Algérie.

Ces résultats, Messieurs, n'avaient sans doute pas été pressentis à l'époque où les Pouvoirs publics ont cru nécessaire de recourir à des systèmes de naturalisation nouveaux afin de donner à la nationalité française un développement numérique plus apparent que réel.

La naturalisation doit certainement être, surtout dans un pays neuf, un des moyens d'accroître l'élément national; elle est conforme à la justice, en même temps qu'à l'intérêt public, car il y a toujours eu, en Algérie, des étrangers qui méritaient, par leurs services et leur attachement à la France, de devenir citoyens français.

Le code civil et le sénatus-consulte du 14 juillet 1865 leur assuraient cette justice et l'assuraient aussi aux indigènes musulmans ou israélites au moyen de la naturalisation individuelle, véritable adoption qui permet à une nation d'accepter de nouveaux citoyens comme une famille peut recevoir de nouveaux enfants. Mais pour les adopter ne faut-il pas qu'elle les connaisse et qu'elle ait reçu d'eux quelques marques d'attachement? Telle était la pensée du code civil, du sénatus-consulte de 1865 et de toutes nos lois de nationalité avant 1870.

Mais un moment est venu où ce mode de naturalisation a paru trop lent, et c'est alors qu'on a institué, à côté de l'ancien système des naturalisations individuelles, conscientes et contrôlées, le système hasardeux des naturalisations globales, ou des naturalisations inconscientes et non contrôlées que M. le Président du Conseil, dans son mémorable discours du 23 décembre, appelait si justement des naturalisations automatiques. Le décret du 24 octobre 1870, connu sous le nom de « Décret Crémieux » et la loi du 26 juin 1889 ont réalisé sous des formes diverses deux applications de ce système.

Vous savez, Messieurs, quels ont été les résultats de ces actes législatifs et combien ils ont contribué au malaise dont souffre l'Algérie. Contrairement aux prévisions de leurs auteurs, ils ont fait craindre aux Français d'origine et aux anciens naturalisés, qui sont devenus pour nous des frères d'adoption, que leur légitime influence politique et économique sur les affaires de la colonie ne fut mise en échec par l'afflux d'éléments différents et parfois discordants.

Il y a là une situation qui est digne de l'attention des Pouvoirs publics justement soucieux de l'avenir de la nationalité française en Algérie. Les erreurs qui ont pu être commises l'ont été de bonne foi ; elles ne sont pas irréparables, car les dispositions qui les ont consacrées n'échappent pas à toute réforme. Il est permis d'en souhaiter, d'en espérer la révision, non une révision passionnée, haineuse, révolutionnaire, qui prétendrait remettre en question la nationalité, les droits civils et jusqu'à la propriété et la liberté d'habitants de l'Algérie : mais une révision réfléchie, limitée à la question des droits politiques, telle qu'elle peut être respectueusement sollicitée du Gouvernement et des Chambres.

C'est du moins la mission dont j'ai cru devoir prendre personnellement l'initiative sans autre préoccupation que celle du bien public et de l'avenir de la colonie.

L'année qui commence, Messieurs, peut être décisive pour l'Algérie, elle peut nous apporter, avec la solution de la grave question que je viens d'indiquer, avec la reconnaissance de la personnalité civile et financière de l'Algérie, les éléments d'une vie nouvelle élargie et pacifique.

Ces espérances risqueront d'autant moins d'être déçus que la population algérienne saura mieux inspirer aux Pouvoirs publics le sentiment de confiance et d'estime dont nous savons qu'elle est digne. Il faudrait vraiment être ennemi de son repos ou hostile à ses projets d'avenir pour vouloir la priver de cette confiance et la compromettre aux yeux de la Métropole par des écarts qu'elle réprouve et dont elle repousse la responsabilité.

Quant à nous, Messieurs, qui voyons l'Algérie d'assez près pour savoir ce qu'elle est, pour la comprendre et pour l'aimer, mettons-nous au travail pour elle et espérons que la France ne voudra lui refuser ni la justice d'une souveraine respectée, ni même les largesses d'une Mère-Patrie généreuse.